AF227404

ÉTUDES DE DROIT CONSTITUTIONNEL

PROJET

DE

CONSTITUTION

PAR

RAOUL DE LA GRASSERIE

Docteur en droit,
Juge au tribunal de Rennes,
Membre de l'Institut des Sciences Sociales
et de l'Institut International de Sociologie,
de l'Académie de Législation de Toulouse,
de la Société des Gens de Lettres,
de la Société de Législation Comparée et de Statistique.

PARIS

V. GIARD ET C. BRIÈRE
LIBRAIRES-ÉDITEURS
16, Rue Soufflot, 16

1896

INTRODUCTION

L'examen attentif des constitutions et des lois étrangères, l'étude sociologique de l'évolution qui s'est accomplie en France nous ont amené à publier une série d'études constitutionnelles fragmentaires, dont nous voudrions aujourd'hui condenser la synthèse pratique sous la forme plus vivante d'un projet de constitution. A ceux qui, se plaçant à divers points de vue, trouveront cette tentative trop hardie nous répondrons d'avance que, si tout citoyen doit le plus grand respect à la constitution de son pays, il n'en doit pas moins chercher, autant qu'il dépend de lui, à en proposer l'amélioration, même le remplacement total, s'il y a lieu, par une autre meilleure ; il doit même, en dehors des contingences, tracer l'idéal qu'il s'agit, suivant lui, d'atteindre dans un temps plus ou moins éloigné selon la vitesse politique acquise. S'il se trouve mêlé à quelque titre au fonctionnement des pouvoirs sociaux, il doit faire profiter le public de cette expérience professionnelle qui peut être utile. Guidé par ces motifs, certain que ce que nous allons proposer n'est point le résultat hâtif de conceptions aprioristiques, mais celui d'une observation patiente et de longue date, nous n'hésitons pas à le publier. Nous ne faisons pas précéder notre projet d'un exposé des motifs, exposé que l'on pourra d'ailleurs trouver, plus détaillé que nous n'aurions pu le faire ici, dans nos travaux techniques antérieurs.

Qu'il nous suffise de dire que les constitutions vraiment démocratiques des Etats-Unis d'Amérique et de la Suisse nous ont servi surtout de modèles, quoique nous nous en écartions sur un certain nombre de points ; un de leurs traits essentiels que nous avons conservé avec le plus de soin, c'est le caractère fédératif de leurs républiques, c'est, suivant nous, une condition principale sans laquelle les démocraties sont plus nominales que réelles ; on a proposé de l'adopter en France, mais trop timidement, sous le nom de décentralisation. Nous avons emprunté à la Suisse ce qui régnait dans toutes les républiques antiques, l'union du gouvernement direct et du gouvernement indirect ou représentatif ; il est bon de gouverner par d'autres personnes plus compétentes que soi, mais il est meilleur de le faire de temps à autre par soi-même, quand il s'agit de nos intérêts de premier ordre ; nous ne nous dissimulons pas les contradictions que ce point peut susciter, mais nous croyons fermement que le gouvernement parlementaire qui, dans un système monarchique, est contre-balancé par des institutions dynastiques, doit l'être dans un système républicain par des institutions de démocratie directe, sans quoi il risque de s'égarer. Nous ne proposons pas d'ailleurs le gouvernement direct absolu, parce qu'il faut que les questions, même celles soumises au vote universel, soient d'abord débattues par des assemblées représentatives.

Nous augmentons l'action du président de la République, tout en prenant les précautions nécessaires pour qu'un coup d'État ne puisse réussir, parce que nous estimons que les forces sociales ne doivent point être neutralisées, mais toutes utilement employées. Dans ce but, nous le faisons élire par le suffrage universel qui peut aussi le déposer. Nous n'admettons plus le jeu parlementaire qui, en permettant de renverser un ministère sans un motif sérieux, fait dévier la politique générale sans cause intrinsèque, et ne fait du pouvoir actif que l'ombre du pouvoir délibérant. Il ne faut pas que le chef de l'État décide, mais il doit avoir l'initiative fréquente et personnelle et la haute direction ; il n'est pas nécessaire qu'il règne, il faut plutôt qu'il gouverne dans une mesure constitutionnelle.

Par contre, nous lui retirons le droit de dissolution vis-à-vis des grands corps de l'État. D'autre part, il ne pourra employer la force pour rétablir un gouvernement monarchique, n'ayant pas le droit de mobiliser l'armée en temps de paix, et aucune mesure contre la Chambre législative ne pouvant être prise de manière à lier la force armée. Enfin la création de l'autonomie communale et provinciale rendra vaines toutes tentatives dans ce sens.

La suppression du Sénat nous semble s'imposer, non pour des motifs contingents qui n'ont rien à voir dans le présent travail, mais parce que ce corps sans utilité aucune est une complication, et ce qui plus grave, un obstacle, par définition même, à l'admission des progrès que l'évolution a depuis longtemps mûris. On peut objecter son existence dans presque tous les pays, mais on oublie qu'il y remplit des fonctions qui, en France, dans l'état actuel n'existent plus. Il représente l'aristocratie dans les gouvernements monarchiques, et, dans les pays démocratiques fédéraux, la fédération même. En France où l'aristocratie n'est plus un élément de gouvernement, et où celui-ci est unitaire, on ne voit plus bien le principe qu'il réalise.

Nous n'instituons pas, mais nous amplifions, quant à ses attributions, le Conseil d'Etat, il devient le sommet auquel aboutissent les administrations publiques et les conseils techniques, c'est désormais le pouvoir de la science. Nous lui retirons, il est vrai, ses attributions judiciaires, en vertu du principe de l'unité de juridiction, mais nous lui restituons des attributions législatives qu'il n'aurait jamais dû perdre. Sans doute l'initiative doit venir du chef de l'Etat ou de la Chambre législative, mais il nous paraît fâcheux que cette initiative ne soit pas suivie d'une élaboration par un corps savant d'une science technique. On oublie que la législation, sous le gouvernement le plus démocratique doit être, en partie, affaire de science. Le droit d'amendement, indiscutable cependant, défigure souvent l'économie générale d'un projet de loi ; à plus forte raison, son vote, sans discussion préalable par des personnes compétentes, est-il souvent inconscient.

A côté du Conseil d'Etat et de l'Assemblée délibérante unique, nous organisons de toutes pièces une assemblée nouvelle, suivant nous essentielle. Il s'agit de la représentation des intérêts. La chambre des députés est et doit rester politique, se préoccupant surtout des principes. Il est bon qu'en dehors de ceux-ci, les intérêts soient aussi représentés. Or les intérêts, qu'on ne peut envisager ici quand ils sont purement individuels, sont communs surtout entre personnes qui exercent la même profession. Dans ce but, chaque corps de métier, chaque corps de profession manuelle ou intellectuelle, doit s'organiser pour faire valoir ses justes prétentions ; il rédige ainsi continuellement ses cahiers de doléances, et les classes laborieuses auront désormais une voie large et régulière pour leurs réclamations ; cette expression sera plus efficace que celle qui résulte de l'exercice du droit de pétitionnement. Les citoyens doivent d'ailleurs se grouper de plusieurs manières, tantôt dans un collège aussi national que possible, tantôt dans un collège local, tantôt dans un collège professionnel, car l'individu a plusieurs aspects, et ce n'est que leur réunion qui en donne le relief et l'expression totale et vraie. C'est d'ailleurs dans le groupement professionnel qu'on se connait le mieux. Ce groupement doit aboutir à des conseils provinciaux et aussi à un grand conseil national, où se feront désormais directement jour les intérêts du travail.

En matière électorale, nous faisons deux innovations importantes : l'introduction de la représentation des minorités, celle du droit électoral des femmes. La seconde est une question de mesure, et de degré de l'évolution sociale, nous nous contentons d'en poser le principe. La première est mûre ; il est juste et possible que les minorités soient représentées et il est inconcevable que la moitié des citoyens moins un dans une circonscription ne le soit pas du tout. Nous indiquons le moyen le plus simple, et qui, en même temps, peut parvenir à une précision mathématique.

Une des parties les plus délicates de la constitution est l'organisation de la fonction judiciaire. Quel que soit le système adopté, il importe tout d'abord, que le juge, quel que soit son nom, magistrat ou juré, jouisse d'une indépendance complète qui garantisse son impartialité, mais il y a plusieurs moyens de la réaliser, et d'autre part il ne faut pas non plus qu'il puisse par sa morosité empêcher l'exécution des lois ; il ne faut pas que cette indépendance soit sous la suggestion d'idées réfractaires au mouvement de l'évolution, car elle deviendrait dépendante d'une autre manière ; enfin il faut bien reconnaître que la perspective de l'avancement peut nuire à cette qualité aussi bien que l'amovibilité proprement dite. Cette observation nous a fait rejeter en général et sauf dans un seul cas, en ce qui concerne l'instruction, le principe de l'élection, aussi bien que celui de la nomination par le pouvoir administratif. Nous avons préféré l'admission du jury à tous les degrés, aussi bien au civil qu'au correctionnel et au criminel, avec l'adjonction d'un expert en droit, d'un magistrat unique, à l'avancement régulier, et qui serait le résultat d'une sélection automatique, et ainsi au plus degré impartiale. C'est dans les institutions de l'Angleterre, si libérale dans son organisation judiciaire, que nous avons ici puisé. Nous attribuons cependant au jury, ce qu'on n'avait pas osé faire jusqu'ici, le droit de prononcer la peine au répressif, parce qu'il ne faut pas diviser l'indivisible, et que c'est faute de l'avoir compris, que l'on a exposé dans la pratique le jury criminel à des erreurs qui n'ont le plus souvent pour cause que ses pouvoirs incomplets.

A l'organisation de l'Etat nous faisons succéder celle des unités infraposées, mais plus essentielles encore : le département et la commune. Nous avons, quant au premier, donné un pouvoir à son chef autonome, issu de l'élection départementale, près duquel le préfet, représentant le pouvoir actuel, ne remplit plus que le rôle que le ministère public tient près des tribunaux. Par ailleurs, le Département est la réduction de l'Etat et est muni des mêmes organes. Il jouit d'une autonomie complète, sauf le respect du lien fédéral. Il en est de même de la commune.

Le lien fédéral apparaît pour la première fois. C'est l'inverse de ce qu'on entend par décentralisation, celle-ci n'étant que l'atténuation du pouvoir de l'Etat considéré comme centre normal ; au contraire, c'est suivant nous la commune qui est un centre essentiel, sauf union de tous ces centres divers par un lien. Cependant nous hiérarchisons ces unités, et, au sommet de la fédération, se trouve placée la Chambre fédérale composée des délégués de tous les départements et qui a pour mission de régler les conflits entre eux, de soutenir leurs droits contre les usurpations possibles de l'Etat et de représenter les intérêts territoriaux.

Enfin nous voulons faire ressortir l'irréductibilité des droits individuels ; ce sont ceux qu'en 1789 on avait qualifiés de droits de l'homme.

Nous avons tâché de leur donner une formule moins abstraite et d'énoncer en quoi ils consistent. La représentation des minorités, l'introduction du tirage au sort dans les fonctionnements sociaux qui le comportent, en forment différentes manifestations. La liberté de conscience, celle de réunion, celle de la presse en sont les emplois divers classiques. Le nom d'autonomie individuelle nous a semblé convenir pour faire perdre à ces droits leur sens général et un peu vague et pour les situer nettement en face du droit de la collectivité, chacun formant à l'égard de l'autre un ressort antagoniste et nécessaire.

Tel est notre essai. Entrepris sans aucun but subjectif, visant seulement la vérité scientifique objective et l'utilité pratique, nous espérons qu'il contribuera à rendre plus net cet idéal de justice sociale absolue qui doit nous guider à travers la politique contingente.

PROJET DE CONSTITUTION

TITRE PRÉLIMINAIRE

1. Le Gouvernement de la France est républicain, démocratique, fédératif à la fois direct et représentatif, et a pour base l'autonomie communale.

2. Aucun vote ne pourra changer la forme républicaine du gouvernement ; un tel vote serait nul et non avenu.

3. La souveraineté nationale doit s'exercer directement lorsque cela est possible ; dans le cas contraire seulement, elle peut et doit être déléguée.

4. La nation doit toujours se réserver pour elle-même le pouvoir constituant.

5. Lorsque la nation, par l'usage du gouvernement direct, est appelée à remplir à la fois des fonctions législatives, administratives et judiciaires, elle doit être diversement composée dans chacun de ces cas, de manière à ce qu'il ne s'opère pas de confusion de fonctions entre les mêmes mains.

6. Dans le pouvoir délégué, il doit y avoir séparation absolue entre la fonction législative, la judiciaire et l'administrative.

7. Dans le pouvoir délégué, il doit y avoir séparation absolue entre l'action ou initiative, l'instruction et la délibération.

8. La souveraineté nationale a pour limites l'autonomie départementale, l'autonomie communale et les libertés irréductibles de l'individu, lesquelles constituent les droits de l'homme et sont au-dessus de toute constitution ou convention.

9. La représentation proportionnelle des minorités fait partie intégrante de ces derniers droits.

10. La souveraineté nationale n'est pas la prédominance d'une classe sur l'autre, mais le règne de toutes, et leur participation au pouvoir suivant leur compétence et leur intérêt pour le bien commun.

11. Elle ne doit pas non plus consacrer l'exclusion politique d'un sexe, mais doit admettre les femmes à l'exercice des droits de citoyen dans une mesure progressive.

12. Le nombre, la science, la valeur individuelle sont les éléments de la force sociale qui doivent se combiner et non s'exclure. Le nombre est l'élément démocratique qui doit décider en dernier ressort. La valeur individuelle doit avoir son domaine propre et être investie seule de l'action et de l'initiative ; la science doit être appelée à instruire toutes les lois et tous les actes gouvernementaux.

13. Le cumul des fonctions publiques, même non rétribuées, est interdit.

14. Les changements législatifs ou constitutionnels ne doivent jamais être faits pour ou contre les personnes, et doivent toujours respecter les droits ou les intérêts de ceux qui ont donné leurs services techniques à l'Etat.

TITRE PREMIER

Du gouvernement national direct.

15. Le gouvernement national direct s'exerce par la masse entière des électeurs français.

16. Il consiste en matière constitutionnelle dans : 1° l'initiative de la demande de révision de la Constitution ; 2° la ratification de la Constitution votée par une Assemblée constituante ; 3° la solution des conflits entre les grands corps de l'Etat ; 4° la dissolution de ces corps, la nomination, la destitution du Président de la République.

17. Pour l'initiative de ces actes, il faudra la réunion de 500,000 signatures. Elles seront apposées sur des registres à ce destinés, déposés dans chaque mairie.

18. L'Assemblée constituante qui révisera la Constitution devra être nommée expressément dans ce but.

La révision devra être ratifiée par un vote populaire.

19. Le Gouvernement national direct consiste en matière législative dans : 1° l'initiative des lois, lorsqu'elle est exercée par 200,000 citoyens ; 2° leur approbation sur la demande de la Chambre législative ; 3° cette approbation lorsque le *referendum* sera demandé par 100,000 citoyens ; 4° cette approbation sans que le *referendum* soit demandé, lorsqu'il s'agit de traité de paix ou de déclaration de guerre, de restric-

tion temporaire à la liberté individuelle,à celle de la presse ou du culte, de cession de territoire, de fondation de colonies politiques ou militaires, d'impositions extraordinaires ou d'emprunt au delà d'une certaine somme.

20. Il consiste, en matière administrative, à demander qu'un acte du chef de l'Etat soit soumis à la ratification nationale.

21. Il consiste enfin en matière judiciaire à participer à l'administration de la justice par différents jurys.

22. Nulle déclaration de guerre ne pourra être faite sans l'approbation préalable par un vote populaire.

S'il s'agit d'une guerre coloniale contre des peuples ne faisant pas partie de ceux de l'Europe ou de l'Amérique, il suffit, outre le vote de la Chambre législative, de ceux conformes de la chambre fédérale et de la chambre professionelle, sauf le droit ci-dessus de provoquer la votation populaire.

23. Les emprunts qui dépassent une somme de cent millions et les impositions extraordinaires dont le cumul égale cette somme seront soumis au vote populaire.

24. Le vote national aura lieu le même jour dans toutes les communes de France, à la majorité, par oui et par non, sans amendements.

25. Lorsqu'il s'agira de la Constitution, un vote différent sera ouvert sur chaque chapitre.

TITRE DEUXIÈME

Du gouvernement national indirect ou représentatif.

26. Tous les ans, la nation se réunit dans ses comices, une fois seulement, à moins d'urgence ; c'est alors que se font toutes les votations relatives soit au gouvernement direct, soit à la délégation du gouvernement indirect.

SECTION PREMIÈRE.

Des grands corps de l'Etat.

27. Les grands corps de l'Etat fonctionnent sous la direction du Président de la République.

28. Ils sont au nombre de quatre, dont les fonctions seront ci-après déterminées :

1° Une chambre législative, correspondant à la chambre des députés actuelle.

2° Une chambre technique, correspondant au Conseil d'Etat, mais avec des attributions élargies.

3° Une chambre ouvrière ou professionnelle, consistant en une délégation faite par tous les citoyens qui se livrent à un travail, en se groupant d'après leurs intérêts et leur profession.

4° Une chambre fédérale chargée de veiller au maintien de l'autonomie des départements et des communes et à leurs intérêts locaux.

Tout conflit entre ces corps ou entre eux et le chef de l'Etat ou les corps judiciaires est vidé par un vote populaire. Chacun de ces corps d'Etat est élu pour trois ans.

29. Le président de la République ne pourra dissoudre la Chambre, ni celle-ci déposer le Président.

30. Le Président commande les forces de terre et de mer, mais il ne peut, en temps de paix, procéder à leur mobilisation sans le consentement de la chambre législative. Il ne peut donner aucun ordre de nature à entraver la liberté de cette Chambre ou cet ordre sera nul de plein droit. En cas de coup d'Etat dans le but de rétablir le gouvernement monarchique, la Chambre fédérale, ou à défaut les Conseils départementaux, doivent se réunir d'office et en empêcher les effets.

SECTION DEUXIÈME.

De la fonction administrative.

31. La fonction administrative est remplie concurremment : 1° par le chef de l'Etat et ses mandataires révocables ; 2° par des fonctionnaires inamovibles ; 3° par les représentants et délégués de la nation divisée en groupes professionnels.

32. Le chef de l'Etat est nommé pour trois ans par le suffrage direct de tous les citoyens ; il est indéfiniment rééligible. Il peut être destitué par un vote national à la majorité ; ce vote ne peut être provoqué que par la demande d'un million de citoyens électeurs.

33. Le chef de l'Etat gouverne par lui-même, par ses ministres, et ses autres délégués.

34. Les ministres ne dépendent que de lui, ils ne peuvent être pris

parmi les membres de la Chambre législative, et ne doivent pas se retirer devant le vote défavorable de cette chambre.

35. Les délégués nommés et révoqués par le chef de l'Etat sont les ambassadeurs, les préfets, les membres du ministère public, sauf les restrictions ci-après, et ceux qui sont chargés de la surveillance des autres administrations, enfin le personnel de la police.

36. Le chef de l'Etat a seul l'initiative et la décision des actes de gouvernement autres que les lois, les impositions, les emprunts et les traités de guerre qui doivent être décidés par la Chambre législative et ratifiés, suivant les cas, par un vote populaire.

37. Les administrations publiques sont indépendantes du chef de l'Etat quant à la nomination, l'avancement et la révocation de leurs membres. Il en est de même de l'armée, de la marine et du clergé tant que les lois concordataires seront maintenues.

38. L'admission dans les administrations, y compris la magistrature, ne se fera plus par voie de nomination libre, ni par voie de concours, mais à tour de rôle, au profit de tous ceux qui ayant satisfait à des examens généraux auront suivi pendant un temps fixé des cours professionnels et obtenu à leur sortie des notes satisfaisantes.

39. L'avancement se fera à l'ancienneté seule, même dans la magistrature, sauf en temps de guerre ou pour faits de sauvetage, en ce qui concerne l'armée ou la marine, en mentionnant la cause de cet avancement et dans les six mois du fait qui l'aura causé.

40. Les fonctionnaires ne seront pas révocables ; ils pourront être destitués : 1° pour malversation, 2° pour inconduite notoire, 3° pour mauvais service, par un conseil d'enquête composé de leurs supérieurs hiérarchiques et de leurs pairs.

41. Les administrations publiques nommeront des délégués qui formeront le Conseil d'Etat.

42. Le Conseil d'Etat devra donner son avis sur tous les actes administratifs importants.

43. Toutes les corporations d'arts et métiers, d'arts, de sciences, d'agriculture, d'industrie et de commerce nommeront des délégués lesquels constitueront la Chambre professionnelle.

A cet effet, les industriels de chaque profession, les commerçants de différentes branches, les agriculteurs comme tels, les savants, les artistes, devront former des unions professionnelles locales, recrutées au suffrage entre eux. Ces directions locales enverront des délégués qui formeront les conseils professionnels départementaux ; ceux-ci dé-

légueront à leur tour des membres qui formeront les Chambres professionnelles nationales, lesquelles, soit ensemble, soit séparément,
prendront part à la fonction administrative et à la fonction législative
par voie d'initiative, d'élaboration et de discussion.

45. La Chambre professionnelle devra être consultée, comme le
Conseil d'Etat, sur les actes gouvernementaux importants.

Il participe aussi à la fonction législative et à la fonction judiciaire.

SECTION TROISIÈME.

De la fonction législative.

46. Le Sénat est supprimé.

47. La Chambre législative nommée par le suffrage universel et
direct pour trois ans ne pourra être dissoute par le chef de l'Etat.

48. Le chef de l'Etat aura l'initiative des lois qu'il partagera avec
la Chambre législative et la Chambre professionnelle.

49. Il les fera défendre devant la chambre législative par des ministres à ce délégués.

50. La chambre législative aura aussi l'initiative des lois, elle en
aura seule le vote.

51. Les projets de loi nés de l'initiative parlementaire seront, s'ils
sont signés par cinquante députés, renvoyés, sans examen préalable,
à l'élaboration du Conseil d'Etat et de la chambre professionnelle, par
l'intermédiaire du chef de l'Etat.

Ces conseils donneront leur avis et pourront présenter un contre-
projet ou un projet modifié. Le projet et le contre-projet, s'il y a lieu,
seront ensuite soumis au vote de l'Assemblée.

Tous les amendements seront instruits de la même manière.

52. Le budget d'une année servira sans vote nouveau pour l'année
suivante. La chambre législative devra voter seulement sur les
changements proposés à ce budget par l'initiative de cinquante
de ses membres, ou qui lui seront proposées par le Chef de l'Etat.

53. Le Chef de l'Etat, avant de proposer une loi à la Chambre législative, devra la soumettre au Conseil d'Etat et à la Chambre professionnelle. Le Conseil d'Etat provoquera à son tour l'avis de toutes les
administrations ; le Conseil professionnel, celui de tous les corps d'états
et des sociétés. Il communique ces avis à la Chambre législative. Des

délégués de la Chambre professionnelle auront aussi l'initiative des lois et pourront les défendre devant la Chambre législative.

Le Chef de l'Etat ne pourra retirer le projet présenté à cette dernière Chambre qui décidera souverainement.

SECTION QUATRIÈME.

De la fonction judiciaire

55. L'entrée, l'avancement, la destitution des magistrats de l'ordre judiciaire se feront comme il a été établi ci-dessus pour les fonctionnaires administratifs.

56. Toutes les juridictions d'exception : Conseils de Préfecture, Conseil d'Etat au contentieux, haute Cour de justice, tribunaux de commerce et autres, sont supprimées.

57. La fonction judiciaire est exercée à tous degrés : 1° par un ministère public et un barreau; 2° par une magistrature : 3° par un jury.

58. La justice est nationale, départementale ou communale, suivant l'étendue de la juridiction et la nature des affaires.

59. Le pouvoir judiciaire a le droit de refuser d'appliquer une loi ou un acte administratif, inconstitutionnels ou illégaux.

60. La justice nationale est exercée par la Cour de Cassation. Cette Cour recrutée à l'ancienneté dans le corps de justice départemental remplit les fonctions qui lui sont dévolues aujourd'hui, et en outre juge les conflits survenus entre le pouvoir administratif et le pouvoir législatif, sauf recours devant la nation, ainsi que les crimes et délits politiques, en s'adjoignant alors un jury tiré au sort parmi tous les citoyens français possédant les qualités légales requises.

61. La justice départementale consiste en un seul tribunal, composé de plusieurs chambres, sis au chef-lieu de chaque département; les tribunaux d'arrondissement sont supprimés.

62. Chaque chambre du tribunal départemental se compose : 1° d'un membre du ministère public au répressif seulement, et des parties et de leurs défenseurs au répressif et au civil; 2° d'un magistrat unique; 3° d'un jury.

63. Les membres du ministère public sont nommés par le Chef de l'Etat parmi les personnes possédant les conditions voulues pour être magistrat et faisant partie du barreau; il n'y aura pas d'avancement entre eux, mais une simple augmentation de traitement suivant la durée du ser-

vice ; ils ne pourront être révoqués que sur l'avis conforme de la Cour de Cassation.

64. L'action publique ou répressive est exercée par le ministère public d'office ou sur plainte de la partie lésée. Elle est exercée concurremment par tout citoyen, même non lésé, à ses risques et périls, même devant la juridiction criminelle.

65. Aucun citoyen ne devra comparaître devant la Cour d'assises s'il n'a été mis préalablement en accusation par un jury spécial d'accusation.

66. Aucun citoyen ne pourra être enfermé dans un asile comme aliéné, si ce n'est provisoirement, sans une décision d'un jury spécial.

67. Le jury est tiré au sort, sans triage préalable, sur tous les citoyens du département ayant le degré d'instruction requis ; ce degré ne devra pas être inférieur au diplôme d'instruction secondaire.

Cependant, lorsque l'accusé appartiendra à une classe inférieure, il aura le droit d'exiger que le jury se compose pour moitié de ses pairs.

Le magistrat unique porte le nom de magistrat instructeur. Il dirige l'instruction actuelle et les débats ; il a seulement voix consultative.

68. Le jury fera partie de toutes les chambres et fonctionnera aussi bien au correctionnel et au civil qu'au criminel.

69. Le magistrat unique, président et instructeur de chaque chambre du tribunal de département, sera nommé à l'ancienneté parmi les juges de paix ou communaux.

70. Au répressif un juge d'instruction choisi parmi les membres du barreau sera chargé d'instruire les affaires ; il sera nommé par un vote populaire. L'instruction sera dans tous ses actes contradictoire avec l'accusé et son conseil.

Les ordonnances de ce juge pourront être frappées en toute matière d'un recours devant le jury d'accusation. Les fonctions du juge d'instruction sont temporaires et ne pourront durer plus de trois ans.

Il ne pourra être révoqué que sur l'avis conforme de la Cour et du jury de Cassation.

71. Le tribunal communal ne se compose plus d'un juge unique, mais d'un magistrat et d'un petit jury.

Plusieurs communes seront réunies pour cette juridiction. Elle aura des attributions très étendues, tant au civil qu'au répressif. La connaissance des délits-contraventions lui sera attribuée.

72. L'appel est supprimé.

73. Le magistrat statue sur le droit ; les jurés décident seuls le fait, et au répressif, font l'application de la peine.

74. Des jurys spéciaux et techniques pourront être constitués dans les procès entre agriculteurs, entre industriels, entre commerçants ; ils seront formés sur la demande d'une des parties appartenant à une profession et composés mi-partie de patrons et mi-partie d'ouvriers.

75. Dans le plus brefdélai, la législation civile devra être rectifiée et simplifiée, après étude des améliorations réalisées dans les législations étrangères.

La justice est gratuite pour tous les citoyens. Les procès intentés de mauvaise foi donneront lieu cependant à une amende de folle instance et à des dommages-intérêts.

TITRE TROISIÈME

Du département et de son autonomie.

76. Le département est autonome.

77. Son gouvernement est à la fois direct et indirect.

78. Il se relie aux communes et à l'État par le lien fédéral.

79. Le gouvernement direct du département se fait par le vote de tous les électeurs de ce département, lesquels doivent être consultés sur tous les emprunts dépassant cent mille francs et les impôts extraordinaires dépassant un chiffre de cinq centimes additionnels, et qui peuvent, en réunissant un chiffre de pétitionnaires de dix mille électeurs, demander à ratifier les autres actes intéressant le département.

80. Le gouvernement indirect du département est aux mains du chef du département, du Conseil technique, du Conseil professionnel et du Conseil départemental.

81. Le chef départemental est élu pour trois ans par tous les électeurs du département ; il a l'initiative et l'exécution.

82. Le Conseil technique se compose des délégués de toutes les administrations publiques existant dans le département. Il doit instruire et préparer toutes les affaires.

83. Le Conseil départemental se compose d'élus du département, il a seul la décision. Les projets émanés de son initiative doivent être élaborés par le chef et par le Conseil technique.

84. Le Conseil professionnel se compose des délégués des diverses professions.

Tous les corps départementaux sont élus pour trois ans.

TITRE QUATRIÈME

De la commune et de son autonomie.

85. Le canton et l'arrondissement sont supprimés.

86. La circonscription de la commune sera étendue, et plusieurs communes réunies, de manière à ce qu'elles puissent pourvoir aux frais généraux résultant d'une plus grande autonomie.

87. La commune est constituée exactement dans son gouvernement direct et dans son gouvernement indirect de la même manière que le département.

88. Le chef de la commune porte le nom de maire; il est élu tous les trois ans par l'universalité des électeurs.

89. Les administrations locales forment le conseil communal technique. Les divers corps de métiers se font représenter près du conseil communal et forment le corps professionnel.

90. Le conseil municipal est nommé pour trois ans par tous les citoyens ; il a seul la décision en matière communale.

TITRE CINQUIÈME

De l'autonomie individuelle.

91. L'autonomie individuelle est garantie d'abord par la représentation des minorités.

92. Dans les élections nationales, les candidats ont soin de déclarer préalablement à quel parti ou nuance de parti ils appartiennent.

93. Le vote et le premier dépouillement se font par commune. Le résultat en est publié ; on ajoute sur le procès-verbal au nombre des voix recueillies par chaque candidat l'indication du parti politique qu'il a déclaré adopter. A défaut de déclaration, le candidat sera classé d'office comme indépendant.

94. Les résultats sont centralisés à Paris ; on répartit ensuite le nombre des députés à élire proportionnellement au nombre de voix obtenues dans toute la France par chaque parti.

95. On proclame le nombre de députés auquel chaque parti a droit d'après cette répartition.

96. Dans l'intérieur de chaque parti, on répartit les suffrages obtenus entre les divers départements, proportionnellement au vote de chacun d'eux.

97. Il n'y a pas de second tour de scrutin.

98. Chaque candidat peut réunir les suffrages qu'il a recueillis dans plusieurs circonscriptions.

99. Les circonscriptions ont pour base l'arrondissement actuel et sont disposées de manière à ce qu'elles soient égales entre elles.

100. Le vote sera fait par bulletin renfermé dans une enveloppe fermée.

Il a lieu au scrutin de liste départemental, en matière nationale.

101. Les élections départementales se feront de la même manière. Les candidats pourront déclarer qu'ils appartiennent à tel ou tel programme économique, ou social, ou politique.

102. Les élections communales se font de la même manière : le candidat déclarera seulement qu'il appartient à la liste A ou à la liste B, sans désignation politique. Les voix surabondantes pour certains candidats profiteront à la liste ; on répartira les conseillers à élire proportionnellement aux listes.

103. Les femmes seront électeurs et éligibles à toutes les fonctions politiques ; néanmoins ce droit ne pourra leur être reconnu que progressivement ; elles seront aussi admissibles à tous les emplois.

104. Tout père de famille qui aura cinq enfants aura dans toute élection un double droit de suffrage.

105. Un double droit de suffrage appartiendra aussi à tous ceux qui auront acquis un diplôme d'instruction supérieure ou équivalent.

106. La liberté de conscience, celle de la presse, celle individuelle, sont des libertés irréductibles.

107. Il en est de même de la liberté de réunion et d'association.

108. Les sociétés pourront se former sans autorisation ; elles auront toutes la personnalité civile.

109. Le maximum des donations et des legs à ces sociétés, soit par les associés, soit par les étrangers, et les moyens propres à déjouer la fraude, seront fixés par une loi.

109 *bis*. L'intérêt direct sera unique et progressif.

TITRE SIXIÈME

Du lien fédéral

110. Le chef de l'Etat est représenté auprès du Département par un agent spécial, le Préfet, distinct du Chef du département, et qu'il nomme et révoque à son gré. Ce préfet le représente aussi, par lui-même et ses sous-agents, auprès des administrations départementales et auprès des villes et des communes.

111. Les Sous-préfets sont supprimés.

112. Le Préfet peut casser pour inconstitutionnalité ou empiétement sur les attributions de l'Etat les actes du chef du département, sauf recours à la Chambre fédérale.

113. La Chambre fédérale peut seule casser pour la même cause les délibérations du Conseil départemental.

114. Les délibérations du Conseil départemental portant imposition extraordinaire de plus de dix centimes additionnels ou emprunt dépassant une somme de cinq cent mille francs sont soumises à la ratification de la Chambre fédérale qui décide si cette charge financière départementale n'est pas de nature à nuire à la perception des impôts revenant à l'Etat.

115. Le Conseil départemental exerce à l'égard des délibérations du Conseil municipal les mêmes droits que ceux auxquels il est soumis lui-même envers l'Assemblée fédérale.

116. Le Préfet peut casser pour inconstitutionnalité ou pour illégalité les actes du Maire, sauf recours devant la Chambre fédérale,

117. Chaque département est représenté dans le gouvernement de l'Etat par une assemblée de deux délégués par département formant le Conseil fédéral qui se réunit deux fois par an à Paris.

118. Ces délégués sont élus par les Conseils départementaux.

119. Le Conseil fédéral peut s'opposer à toute loi qui aurait pour résultat de porter atteinte à l'autonomie départementale, communale ou individuelle ; il est consulté sur toutes les lois de finance ou touchant l'économie politique, il fait valoir auprès du conseil national les intérêts des diverses régions.

120. Le Conseil fédéral a aussi pour attribution : 1° de veiller au respect de l'autonomie individuelle ; dans cette fonction, il peut opposer son veto aux lois votées par l'Assemblée nationale ; 2° de veiller à l'observation de la constitution, et, dans ce sens, il peut opposer son veto à tout acte. En cas de conflit, c'est-à-dire, si

l'Assemblée ou le chef de l'Etat veulent passer outre, on doit en appeler au vote universel dans l'exercice par la nation du pouvoir direct.

121. Les communes envoyent des délégations près les Conseils départementaux pour la défense de leurs intérêts. Ces délégations forment le Conseil intercommunal.

122. Les départements entre eux, les communes entre elles, peuvent s'unir librement pour un temps donné d'une manière générale ou pour un intérêt spécial.

123. Nul ne peut être membre à la fois du Conseil départemental et de la Chambre législative ; nul ne peut être membre à la fois de la Chambre fédérale et de la Chambre législative ; nul membre des administrations ne peut être en même temps membre d'un corps élu.

TITRE SEPTIÈME

Dispositions transitoires et finales.

124. Les fonctionnaires techniques dont les emplois se trouvent supprimés par la présente constitution, s'ils ne font pas partie de ceux qui restent à la nomination et à la révocation du chef de l'Etat, devront être replacés dans une position équivalente.

125. Pendant vingt ans, à partir de la promulgation de la présente Constitution, le pouvoir direct de la nation sera limité aux matières constitutionnelles, et à celles législatives où le referendum est de droit ; et même en ces matières la nation ne jouira pas de l'initiative. Elle pourra seulement demander la déchéance du chef de l'Etat. Au bout de cette période et de plein droit, la nation entrera en pleine jouissance des droits de gouvernement direct qui lui sont reconnus par la constitution.

126. Les femmes devront être admises progressivement à l'exercice de tous les droits civils et politiques.

127. Les pouvoirs constitués devront s'efforcer d'amener entre la France et les autres Etats une entente pour aboutir à la suppression de la guerre et de la paix armée et à l'établissement d'une fédération internationale formant les Etats-Unis d'Europe.

127. Lorsque la présente constitution politique sera en vigueur, il sera procédé dans le plus bref délai au vote d'une constitution sociale par la réfection des lois civiles, pénales, commerciales, industrielles, administratives et des diverses procédures.

Vannes. — Imprimerie Lafolye, 2, place des Lices.

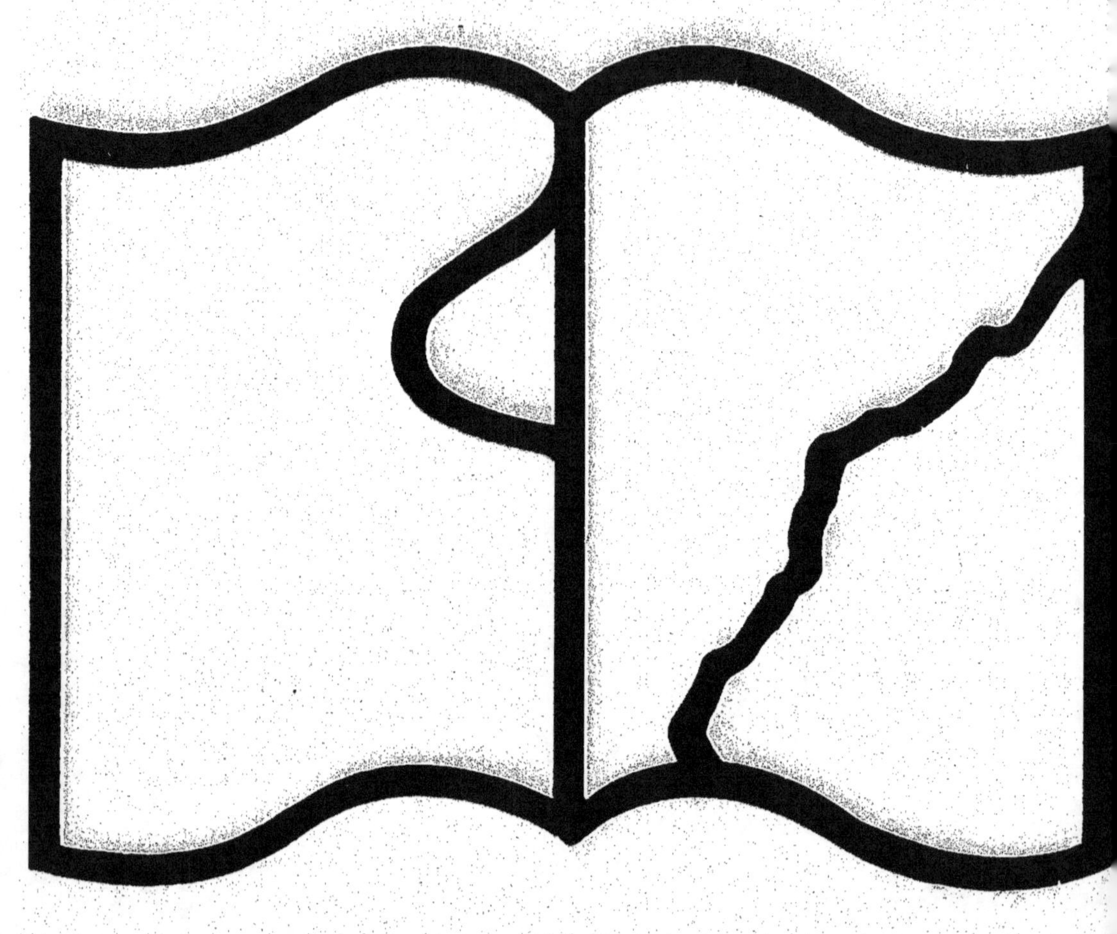

Texte détérioré — reliure défectueuse

NF Z 43-120-11